Ursula Grüninger

Forellen – köstlich zubereitet

Ursula Grüninger

Forellen

köstlich zubereitet

50 Rezepte mit Forellen für Liebhaber der leichten Kost

14 Farbabbildungen

Hugo Matthaes Druckerei und Verlag GmbH & Co. KG

Stuttgart

ISBN 3-87516-603-5

Fotos: CMA (2), J. Holz (3), K. Sattelberger (2), Ch. Teubner (5), Weishaupt (2)
Umschlagfoto: Karin Weishaupt

Printed in Germany
Herstellung einschließlich der Reproduktionen:
Hugo Matthaes Druckerei und Verlag GmbH & Co. KG, Stuttgart

Inhaltsverzeichnis

Fettgedruckte Seitenzahlen weisen auf ein Farbbild hin

Ein Wort zuvor

In der Küche zählt die Forelle zu den beliebtesten einheimischen Süßwasserfischen. Ihr ursprünglicher Lebensraum sind Bäche und Flüsse, aber seit 1880 wird sie auch in Teichen gezüchtet. Sie ist einer der feinsten und wohlschmeckendsten Süßwasserfische, gilt als edel und hat weit über unsere Grenzen hinaus einen ausgezeichneten Ruf, denn ganz gleich, welche Zubereitungsart gewählt wird, ihr zartes, weißes Fleisch zergeht auf der Zunge.

In der Ernährungswissenschaft ist Fisch heute als äußerst wertvoll bekannt. Fisch hat fast kein Bindegewebe, belastet dadurch in keiner Weise den Magen, ist leicht verdaulich und führt dennoch dem Körper wertvolle Stoffe wie Eiweiß, viele Vitamine der B-Gruppe, Spurenelemente und Mineralstoffe zu, die wir für eine ausgewogene Ernährung brauchen. Der Fettgehalt ist minimal und deshalb kaum erwähnenswert. Mit Fisch haben wir das ganze Jahr über die Möglichkeit zu einer vollwertigen Schlankheitsdiät. Dafür sind die Japaner der lebende Beweis.

Die Forelle ist heute kein saisonaler Feiertagsfisch mehr. Großangelegte Zuchtanlagen gewährleisten die fachgerechte Wartung der Fische und Brut. So stehen Forellen heute das ganze Jahr über in allen drei Angebotsformen als lebend frisch, tiefgefroren oder geräuchert zur Verfügung. Sie können den Fisch also jederzeit kochen, braten – Feinschmecker bevorzugen die knusprig gebratene Haut – oder im Backofen garen, ungefüllt auf Gemüse dünsten, würzig mit Kräutern, Zwiebeln, Krabben usw. füllen, gratinieren, in der Folie garen, grillen, flambieren und geräuchert als Vorspeise oder im Salat auf den Tisch bringen. Es gibt köstliche Suppen, Klößchen, Pfannengerichte mit würzigen Saucen und Gemüse auf exotische Art mit Papaya und Bananen, Aufläufe, eine Mousse auf Blattspinat, gefüllte Blätterteigtaschen, eine Quiche, Toastbrote, Salate und internationale Gerichte, die alle begeistern.

Für einen Abend mit Gästen ein leckeres Forellengericht zuzubereiten, macht Freude. Sie können auch geräucherte Forellen grätenfrei und filetiert im Salat oder in anderer Form bei einem kalten Büfett Triumphe feiern lassen. Wie auch immer, die vielen Möglichkeiten der Zubereitung sind hier beschrieben. Jede Variante findet ihre Liebhaber, und die kurze Zubereitungszeit von höchstens 30 Minuten ermöglicht unbeschwertes Kochen. Es sind allesamt köstliche Gerichte, mit denen Sie jeden Liebhaber von Gaumenfreuden begeistern können. Außer den Rezepten, die leicht verständlich geschrieben sind, finden Sie eine kleine Fischkunde und Informationen zu Fragen, die sich aus dem Umgang mit der Forelle ergeben.

Mein Bestreben war, das Kochen für Sie möglichst problemlos und ohne viel Zeitaufwand zu gestalten. Freude am Kombinieren und an der Forellenküche wünscht Ihnen

Ihre Ursula Grüninger

Kleine Forellenkunde

(Salmoniden)

Zur Forellenfamilie gehören die Seeforelle, die Meerforelle, die Bachforelle, die Regenbogenforelle, die Blaufelchen, die sich im Bodensee tummeln, und die Renken, die in den oberbayrischen Seen zu Hause sind. Es ist also nicht erstaunlich, wenn beim Kauf Unklarheit herrscht und man feststellt, daß „Forelle" nicht gleich „Forelle" ist. Hier in diesem Buch haben wir es aber nur mit kleinen Süßwasserforellen zu tun, alles andere würde den Rahmen sprengen.

Bachforelle (Salmo trutta)

Die Bachforelle lebt in Europa in klaren, fließenden Gewässern, wird 250 bis 375 g schwer und kann bis zu 40 cm lang werden. Die Haut ist gefleckt, der Rücken olivgrün bis schwarz, die Seiten grünlich bis grau, der Bauch hellgelb bis weiß. Erwachsene Fische haben oft nur noch schwarze Punkte. Wild wachsende Bachforellen sind selten geworden, und nur noch wenige Sportfischer haben das Vergnügen, sie an die Angel zu bekommen. Wildlebend gibt es sie in den Bächen der Mittelgebirge, Schwarzwald, Harz, Odenwald, Taunus, Spessart und Fichtelgebirge. Das Fleisch schmeckt sehr fein und ist am besten von Mai bis August. Teichwirte, die sie züchten, müssen ihnen das beste, blitzsaubere Wasser von Gebirgsbächen oder aus nahen Quellen, das sie in ihre Teiche leiten, bieten, damit sie leben können. Durch die Forellenzuchtanlagen wird die Bachforelle durch die Regenbogenforelle verdrängt.

Regenbogenforelle (Salmo gairdneri)

Der lateinische Name bestätigt die Verwandtschaft mit Salm und Lachs. Ein Merkmal dieser Fische ist die „Fettflosse" zwischen der Rücken- und Schwanzflosse.

Die Regenbogenforelle ist seit 1880 in Europa bekannt und von Nordamerika eingeführt worden. Sie ist das Ergebnis aus einer Kreuzung dreier amerikanischer Arten, ist genügsamer und auch schnellwüchsiger, weniger empfindlich gegen warmes Wasser und die Wasserverschmutzung. Zu Hause ist sie in fließendem Salzwasser, genauso aber auch in stehendem Süßwasser. Charakteristisch ist der Name. An beiden Seiten zieht sich ein breites, rötlich in Regenbogenfarben schillerndes Band, und der Körper ist von schwarzen Tupfen bedeckt.

Die heimische Wirtschaft bietet überwiegend Regenbogen- und Bachforellen an, die durch ihre Qualität zur „Edel-Forelle" avancierten. Die strenge Qualitätskontrolle garantiert für Frische. In der Teichwirtschaft wachsen die Forellen auf eine Länge von etwa 30 cm heran und erreichen ein Gewicht von 180 bis 300 g. Sie können aber in freien Gewässern eine Größe bis zu 60 cm erreichen.

Noch ein Wort zur *Lachsforelle*, da die Bezeichnung irreführend ist. Lachsforelle ist ein Sammelbegriff für Forellen mit rosafarbenem Fleisch. Es können dies also Seeforellen, Meerforellen, Bachforellen oder Regenbogenforellen sein. Fast immer aber handelt es sich um Regenbogenforellen. Diese Fische sollten jedoch als „rotfleischige Regenbogenforelle" oder als „lachsfarbene Regenbogenforelle" angeboten werden. Bei uns besteht die Fütterung aus karotinhaltigen Zusatzstoffen im Mastfutter, während in Dänemark die Fische zunächst in Süßwasserteichen gehalten und im April dann in kleinen Anlagen im Meer eingesetzt werden. Dort färbt sich das Fleisch dann rot. Offiziell werden sie in Dänemark als „Lachsforellen" geführt.

Gegarte Forellen zerlegen – aber wie?

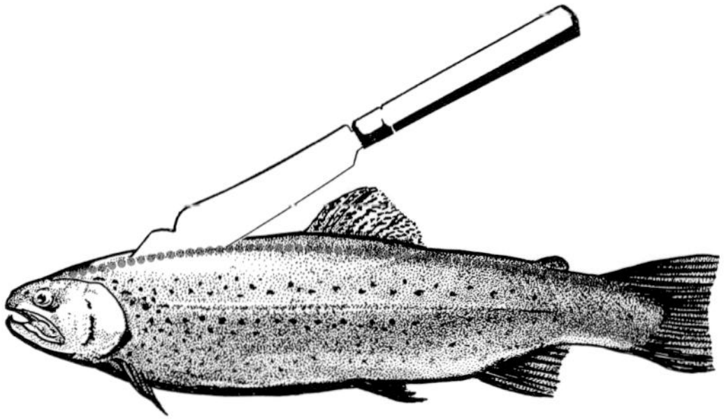

◁ Mit dem Fischmesser entlang der Mittellinie die Haut am Rücken vom Kopf bis zur Schwanzflosse leicht einschneiden und dann abziehen. Flossen herausziehen.

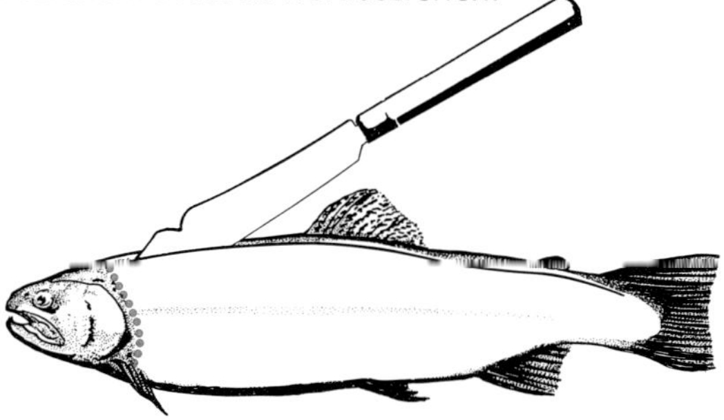

Zuerst das Bauchfilet in kleinen Stücken, an den Kiemen beginnend von der Seite her zum Schwanz hin, von den Gräten lösen. ▷

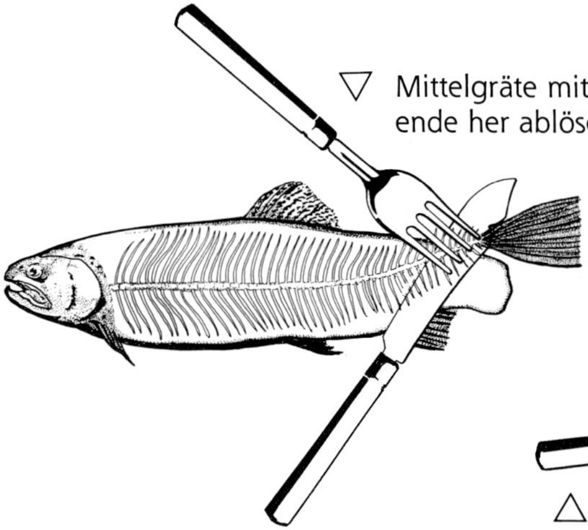

▽ Mittelgräte mit Kopf am besten vom Schwanzende her ablösen und entfernen.

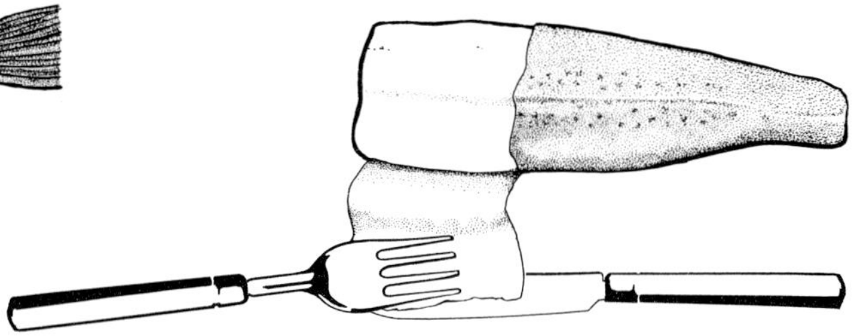

△ Das zweite Filetstück wenden und, wie beschrieben, ebenfalls die Haut abziehen.

Rezepte

Abkürzungen:

l	= Liter
TL	= Teelöffel
EL	= Eßlöffel
Msp.	= Messerspitze
TK	= Tiefkühlkost

Alle Rezepte sind, wenn nicht anders angegeben, für 4 Personen berechnet.

Forellen-Sahnesuppe mit Brunnenkresse

2 frische, küchenfertige Forellen,
Meersalz,
knapp 3/4 l Wasser,
1/4 l Weißwein,
Saft einer Zitrone,
1 Fleischbrühwürfel oder 2 TL klare Brühe,
1 Zwiebel,
2 TL Senf,
1/4 l Sahne,
50 g Brunnen- oder Gartenkresse

Die Forellen sorgfältig waschen, mit Küchenkrepp trockentupfen und innen etwas salzen. Wasser mit Weißwein, Zitronensaft, Fleischbrühwürfel oder klarer Brühe zum Kochen bringen. Forellen einlegen und bei geringer Hitze je nach Größe 12 bis 15 Minuten mehr ziehen als kochen lassen. Forellen vorsichtig herausnehmen, Filets ablösen, von Gräten befreien und in kleinere Stücke schneiden. Geschälte, zerkleinerte Zwiebel mit 2/3 der abgebrausten und getrockneten Kresse fein pürieren, mit dem Schneidestab des elektrischen Handrührgerätes geht es ganz problemlos. Mit der Sahne zu der Brühe geben, Forellenstücke einlegen, abschmecken und mit der restlichen Kresse garnieren.

Variante:
Brunnenkresse weglassen und die Suppe mit Minzblättchen verändern.

Rotes Süpple mit Forellenklößchen

1 Zwiebel,
1 rote Paprikaschote,
100 g Schinkenspeckwürfel,
30 g Butter,
3/4 l Würfelbrühe oder Gemüse-Hefebrühe (Reformhaus)

Für die Klößchen:
250 g frisches, küchenfertiges Forellenfilet,
200 g geräuchertes Forellenfilet,
45 g Semmelbrösel,
1 Ei,
Meersalz,
weißer Pfeffer aus der Mühle,
Muskat, frisch gerieben,
3/8 l Weißwein

Die geschälte Zwiebel kleinwürfeln. Paprikaschote entkernen, Scheidewände entfernen, Schote waschen und in Streifen schneiden. Mit den Zwiebel- und Schinkenspeckwürfeln in der heißen Butter einige Minuten dünsten. Brühe zugießen und 10 Minuten kochen lassen.
Für die Klößchen beide Forellenfiletarten mit dem Schneidestab oder im Mixer pürieren, Semmelbrösel und Ei daruntermischen und würzen. Mit einem Eßlöffel, der immer wieder in kaltes Wasser getaucht werden sollte, Klößchen abstechen, in die kochende Brühe geben und 6 bis 10 Minuten ziehen lassen. Suppe mit Weißwein verfeinern, erhitzen, aber nicht mehr kochen lassen.

Vorspeisenteller Kopenhagen

1/2 Kopf Lollo Rosso,
4 geräucherte Forellenfilets,
1 Fleischtomate,
80 g Mozzarella,
1 Glas Forellenkaviar (30 g),
2 Stengel frisches Basilikum,
Saft einer Zitrone

Die Salatblätter waschen und gut abgetropft auf 4 Teller verteilen. Je ein Forellenfilet darauflegen. Tomate waschen, trocknen und in Scheiben schneiden. Mozzarella in 4 dickere oder 8 dünnere Scheiben schneiden und im Wechsel mit den Tomatenscheiben auf die Forellen oder die Salatblätter legen. Die Mozzarellascheiben mit Forellenkaviar garnieren. Basilikum auf die Tomaten verteilen. Zitronensaft gesondert dazu reichen.

Beilagen:
Dreikorntoast oder frisches Stangenbrot, Butter

Getränk:
Rosé oder Sekt

Varianten:
Salatblätter mit einer Salatmarinade beträufeln. Tomaten weglassen und Meerrettichsahne (1/8 l steifgeschlagene Sahne, 2 bis 3 TL Meerrettich, Meersalz, Pfeffer, 1 Prise Zucker) dazu reichen. Die Meerrettichsahne nach Belieben noch mit Preiselbeerkonfitüre verändern.

Forellen-Cremeschnitten

200 g geräuchertes Forellenfilet,
100 g Frischkäse,
1 EL Zitronensaft,
2 EL Kapern,
Meersalz,
Zitronenpfeffer,
2 EL Joghurt,
7 Scheiben Dreikorntoast,
Basilikumblättchen,
Schnittlauchröllchen,
3 EL gehackte Wal- oder Haselnüsse

Die Forellenfilets in kleine Stücke schneiden. Frischkäse mit Zitronensaft, Joghurt und Kapern vermischen und mit Salz und Pfeffer würzen. Forellenfiletstücke dazugeben und die Toastbrote damit bestreichen. In Dreiecke schneiden und einen Teil mit kleingehacktem Basilikum, Wal- oder Haselnüssen und den Rest mit Schnittlauchröllchen garnieren.

Variante:
Anstelle von Schnittlauchröllchen kann man die Brote mit Grapefruitfilets oder Mandarinenspalten garnieren.

Lachs-Cremeschnittchen „Créole"

(14 Schnittchen)

200 g amerikanischer geräucherter Lachs,
100 g kalorienreduzierter Frischkäse,
1 EL Zitronensaft,
2 EL kohlensäurehaltiges Mineralwasser,
7 Scheiben Toastbrot

Für die Garnitur:
Basilikumsträußchen,
30 g gehackte Walnüsse,
Schnittlauch,
7 Florida-Grapefruitfilets

Den Lachs mit dem Frischkäse, dem Zitronensaft und dem Mineralwasser pürieren. Die Toastbrotscheiben entrinden, mit der Lachscreme bestreichen und in Dreiecke schneiden. Die Hälfte der Schnittchen mit Basilikum und gehackten Walnüssen, die übrigen mit Schnittlauchröllchen und Grapefruitfilets garnieren.

Geräucherte Forelle auf Tomatenschaum

1 große geräucherte Forelle,
4 Fleischtomaten,
100 g saure Sahne,
1 TL Tomatenmark,
2 bis 3 EL geschlagene Sahne,
Meersalz,
Pfeffer,
kleingehackter Dill,
Zitronenmelisse

Die Haut von der Forelle abziehen, dann filetieren und in kleine Stücke schneiden. Für den Tomatenschaum die Tomaten mit kochendem Wasser überbrühen und die Haut abziehen, Tomaten vierteln und die Kerne entfernen. Im Mixer mit der sauren Sahne pürieren. Tomatenmark und steifgeschlagene Sahne darunterheben und nach Geschmack würzen. Den Tomatenschaum auf 4 Teller als Spiegel verteilen und die Forellenstücke darauf anrichten. Mit Zitronenmelisse garnieren.

Beilage:
Frisches Stangenweißbrot und Butter

Variante:
Dill weglassen und kleingeschnittene Kresse unter den Tomatenschaum mischen.

Marinierte Forellen

4 frische, küchenfertige Forellen,
Salz,
Saft von 2 Zitronen,
1 EL Essig,
Pfeffer,
1 TL grobgemahlener Pfeffer,
2 EL kleingeschnittener, süß-sauer eingelegter Ingwer

Die Forellen vom Fischhändler filetieren, enthäuten und entgräten lassen und in hauchdünne Scheiben schneiden. Die Filets auf einer Platte anrichten. Mit Zitronensaft und Essig beträufeln, pfeffern und zum Durchziehen 30 Minuten in den Kühlschrank stellen. Mit grobgemahlenem Pfeffer und kleingeschnittenem Ingwer bestreuen.

Beilage:
Eine mit Basilikum und Knoblauch gewürzte Tomatensauce

Forellen-Sherry-Sülzchen mit Gurkenschaum

1 frische Forelle, Zitronensaft, Meersalz,
1/2 l Wasser, 1 Tasse Weißwein,
3 bis 4 EL Weinessig,
einige Pfefferkörner, 2 bis 3 Lorbeerblätter,
2 Nelken, etwas Suppengemüse,
8 Krabben, 6 Blatt weiße Gelatine, 4 EL Sherry

Gurkenschaum:
1/4 l Sahne,
4 EL pürierte Salatgurke,
Saft einer Zitrone, Meersalz,
frisch gemahlener Pfeffer aus der Mühle,
1 EL kleingehackter Dill

Die Forelle innen und außen gut waschen, mit Küchenkrepp vorsichtig trocknen, mit Zitronensaft beträufeln und innen etwas salzen. Wasser mit Weißwein, Weinessig, Pfefferkörnern, Lorbeerblättern, Nelken und gewaschenem, zerkleinertem Suppengemüse in einem flachen, größeren Topf 15 Minuten kochen lassen. Forelle einlegen und bei schwacher Hitze 10 Minuten gar ziehen lassen. Vorsichtig herausnehmen, Haut abziehen, filetieren, Gräten entfernen und die Filets in mundgerechte Stücke schneiden. Mit den Krabben auf 4 gebutterte Tassen oder kleinere Förmchen verteilen. Gelatine in kaltem Wasser einweichen. Fischsud durch ein feines Sieb geben, davon 1/2 Liter abnehmen, Sherry zufügen, ausgedrückte Gelatine dazugeben und unter Rühren auflösen. Über die Forellenstücke gießen und im Kühlschrank fest werden lassen. Vor dem Anrichten die Tassen oder Förmchen kurz in heißes Wasser halten und auf 4 Teller stürzen.

Für den Gurkenschaum die Sahne halbsteif schlagen, Gurkenpüree daruntermischen und mit Zitronensaft und den restlichen Gewürzen abschmecken. Dill daruntermischen und um die Forellen-Sherry-Sülzchen herum anrichten.

Beilage:
Feldsalat

Horsd'œuvre Carina

4 hartgekochte Eier,
1 geräuchertes Forellenfilet,
1/8 l Sahne,
1 EL geriebener Meerrettich,
1 Msp. Zucker,
1 Msp. Salz,
einige Estragonstengel,
einige leicht marinierte Salatblätter

Die Eier schälen, Eigelb herausnehmen und zerkleinern. Forellenfilet in kleine Stücke schneiden. Sahne steif schlagen, Meerrettich dazugeben, mit Zucker und Salz würzen, Filetstücke darunterheben und in die Eier füllen. Mit gehacktem Eigelb und Estragonstengeln garnieren. Auf einer mit den Salatblättern ausgelegten Platte anrichten.

Beilage:
Frisches Baguette

Variante:
Forellenfiletstücke mit einer Essig-Öl-Marinade beträufeln und kleingestiftelten Käse darüber verteilen. Damit können auch ausgehöhlte Tomaten gefüllt werden.

Gebeizte Forellenfilets

4 frische Forellen,
12 Wacholderbeeren,
2 TL Salz,
1 TL Zucker,
4 EL Knoblauchmayonnaise aus dem Glas,
Pfeffer, Zitronenmelisse,
Zitronenscheiben

Die Forellen beim Kauf filetieren, aber die Haut nicht abziehen lassen. Danach unter kaltem Wasser abspülen und mit Küchenpapier trockentupfen. Wacholderbeeren grob hacken und zusammen mit Salz und Zucker in einer Schüssel so fein wie nur möglich zerdrücken. Zitronenmelisse kleinhacken. Die Forellenfilets mit der Haut nach unten auf ein Pergamentpapier legen und die Würzmischung darauf verteilen. Zitronenmelisse darüberstreuen. Filets fest einwickeln und 24 Stunden (dann sind sie gar, es kann aber ohne weiteres auch die doppelte Zeit sein) in den Kühlschrank legen. Die Filets erst vor dem Servieren auswickeln und hübsch garniert, nach Belieben auch mit der Haut, auf Teller oder auf einer Platte anrichten. Die Haut zuvor genau wie bei Lachs vom Kopf bis zum Schwanz mit einem scharfen Messer von den Filets abschneiden.
Die Knoblauchmayonnaise mit etwas Pfeffer würzig abschmecken und damit die Filets, zusätzlich auch noch mit Zitronenscheiben, garnieren. Die Knoblauchmayonnaise kann auch gesondert dazu gereicht werden.

Beilagen:
Frisches Baguette und einen Riesling

Variante:
Statt Knoblauchmayonnaise eine Joghurtmayonnaise verwenden und diese mit Gin abschmekken. Schmeckt auch ausgezeichnet zu den gebeizten Forellen.

Glasierte Forelle

4 küchenfertige Forellen,
Zitronensaft,
0,7 l herber Weißwein,
3 Frühlingszwiebeln,
1 Zweiglein frischer Thymian,
1 Lorbeerblatt,
1 Prise Salz,
ein paar weiße Pfefferkörner,
4 bis 6 Blatt weiße Gelatine,
0,1 l Portwein,
reichlich frische Estragonblättchen

Die Forellen unter kaltem Wasser kurz abspülen, mit Küchenpapier trocknen und innen sowie außen mit Zitronensaft beträufeln. Wein mit den geschälten, geviertelten Frühlingszwiebeln, Thymian, Lorbeerblatt, Salz und Pfefferkörnern in einem großen Topf zum Köcheln bringen. Forellen einlegen und 10 bis 15 Minuten ziehen lassen. Die Größe bestimmt die genaue Kochzeit. Aus dem Fischsud nehmen, die Haut abziehen und kalt stellen. Gelatine in kaltem Wasser einweichen, gut ausdrücken und in einem kleinen Topf unter Zugabe von 3 TL kaltem Wasser bei geringer Hitze auflösen. Fischsud durchsieben, auf 1/4 l einkochen und die aufgelöste Gelatine einrühren. Mit Portwein verfeinern, abkühlen lassen und, bevor die Masse fest wird, mit einem Pinsel die Forellen rundum leicht bestreichen. Die Estragonblättchen kurz in heißes Wasser tauchen, mit Küchenpapier trocknen und damit die Forellen garnieren. Anschließend die Fische mit der restlichen Gelatine dick überziehen und auf einer Platte anrichten.

Beilagen:
Toastbrot, Butter und Lachsröllchen

Forellentatar

1 geräucherte Forelle (350 g),
2 bis 3 EL Weinbrand,
4 bis 6 EL Sahne,
Zitronensaft,
1 EL Kapern,
1 bis 2 EL kleingehackter Dill

Von der Forelle die Haut abziehen, die Filets abnehmen, kleinhacken, Kapern daruntermischen und auf 4 Teller verteilen. Weinbrand mit der Sahne vermischen und mit Zitronensaft abschmekken. Weinbrand und Zitronensaft sparsam verwenden, damit der Forellengeschmack erhalten bleibt und nicht überdeckt wird. Tatar mit Dill garnieren.

Beilage:
Dunkles Brot oder leicht geröstetes Toastbrot und Butter

Variante:
Weinbrand weglassen und dafür trockenen Wermut nehmen.

Forellenragout

40 g Butter oder Margarine,
30 g Mehl,
3/8 l Brühe,
1/8 l Sahne,
1 EL Tomatenketchup,
Meersalz,
Zitronenpfeffer,
Muskat,
1 kleines geräuchertes Forellenfilet (125 g)

Die Butter oder Margarine erhitzen, Mehl zufügen und unter Rühren hellgelb werden lassen. Topf von der Herdstelle nehmen, unter Rühren Brühe und Sahne nach und nach zugießen und die Sauce bei geringer Hitze 10 Minuten kochen lassen. Mit Tomatenketchup und den Gewürzen abschmecken. Mit Eigelb legieren.
Die Haut von dem Forellenfilet abziehen, Filets abnehmen, alle Gräten entfernen, in kleinere Stücke schneiden und in der leicht geröteten Sauce erwärmen.

Beilage:
Hell geröstete Dreikorntoastscheiben

Tip:
Dieses Ragout kann in Förmchen gefüllt, mit Käse überbacken, unter dem Grill kurz gratiniert oder in Blätterteigpastetchen gefüllt werden.
Sehr gut schmeckt es auch, wenn es über Teigwaren angerichtet wird. Dann ist es allerdings keine Vorspeise mehr.

Forellenterrine

400 g frisches Forellenfilet,
3 Eiweiß,
Salz, weißer Pfeffer,
300 g Schlagsahne,
3 bis 4 TL Himbeeressig,
3 Bund Schnittlauch, 1 Bund Petersilie,
2 Forellenfilets,
100 g Krabben,
50 bis 75 g Champignons,
1 EL Schnittlauchröllchen

Die Forellenfilets in kleine Stücke schneiden und im Mixer fein pürieren. Eiweiß steif schlagen und unter Schlagen dann Salz, Pfeffer, Schlagsahne und Himbeeressig dazugeben. Unter die Fischmasse heben. Schnittlauch und Petersilie abbrausen, trockentupfen und fein hacken. Die Forellenfilets längs halbieren. Champignons waschen, trockentupfen und blättrig schneiden. Eine entsprechend große Kastenform mit Butter ausstreichen und mit Petersilie und Schnittlauch ausstreuen. $1/3$ der Fischfarce in die Form füllen, Forellenfilets mit den Krabben darauflegen, etwas Mousse darüberstreichen, die Champignons darauf verteilen und mit dem Rest der Mousse bestreichen. Terrine mit Alufolie bedecken, in die mit heißem Wasser gefüllte Fettpfanne stellen und im vorgeheizten Backofen, Elektroherd 200 °C, Gasherd Stufe 3, auf der mittleren Schiene etwa 40 Minuten garen. In der Form einen Tag stehenlassen, dann auf eine Platte stürzen, mit den Schnittlauchröllchen bestreuen und in Scheiben schneiden.

Beilagen:
Toast, Butter und Weißwein

Variante:
Krabben und Champignons weglassen und 40 g in Scheiben geschnittene Trüffel verwenden.

Tip:
Eine Sauce mit halbsteif geschlagener Sahne, gewürzt und mit Zwiebelwürfelchen daruntergemischt, ist eine feine Ergänzung.

Brunchforellen mit Zitronensauce

3 Portionen

3 küchenfertige Forellen,
Kräutersalz, Pfeffer,
1 1/2 l Wasser,
1 Schuß Weißweinessig,
einige weiße Pfefferkörner,
1/2 Bund Suppengemüse,
1 kleiner Becher Crème fraîche,
etwas Forellenkaviar aus dem Glas

Zitronensauce:
1 TL Senf, 3 Eigelb,
2 EL Fischbrühe,
1 bis 2 EL Zitronensaft,
Salz, Pfeffer,
1 EL kleingehackte Petersilie

Die Forellen waschen, trockentupfen und innen und außen salzen und pfeffern. Wasser, Weinessig, Pfefferkörner und vorbereitetes Suppengemüse zum Kochen bringen, Forellen einlegen und bei verminderter Hitze zugedeckt je nach Größe 12 bis 15 Minuten garen. Forellen sorgfältig herausnehmen, enthäuten und erkalten lassen. Anschließend filetieren, aufpassen, daß die Gräten alle entfernt sind, und die Fischfilets auf einer Platte anrichten. Mit einem Klecks Crème fraîche und etwas Forellenkaviar garnieren.

Für die Zitronensauce Senf mit Eigelb verrühren, Fischbrühe und Zitronensaft dazugeben, cremig schlagen und mit den Gewürzen abschmecken.

Beilagen:
Frische Brötchen und verschiedene Rohkostsalate

Tip:
Die Fischbrühe kann auch mit Fischgewürz aus dem Beutel zubereitet werden.

Geräucherte Forellenfilets mit Sherrysahne

4 geräucherte Forellen

Sherrysahne:
1/2 Bund Dill,
1 Becher Schlagsahne,
Salz, weißer Pfeffer,
2 cl Sherry fino,
3 TL Limettensaft,
Salatblätter, Dill,
Zitronenachtel,
1 Prise Kräutersalz

Marinade:
2 TL Apfelessig,
3 bis 4 TL Walnußöl,
wenig kleingehackte Petersilie,
Liebstöckel,
Schnittlauch,
Weinraute

Die Haut von den Forellen abziehen, nach Belieben noch einen kleinen Teil daranlassen. Für die Sherrysahne die Dillspitzen abschneiden. Die Sahne nicht ganz steif schlagen, Dill daruntermischen und mit Salz, Pfeffer, Sherry fino und Limettensaft abschmecken. Salatblätter waschen, trockenschleudern, auf Teller verteilen und die Forellen darauf anrichten. Sherrysahne gesondert dazu reichen oder die Forellen außer mit Dill und Zitronenachtel auch damit garnieren. Für die Marinade Apfelessig, Walnußöl, Kräutersalz und die kleingehackten Kräuter verrühren und tropfenweise über die Salatblätter verteilen.

Beilagen:
Weißbrot und Butter

Variante:
Anstelle der Sherrysauce 200 g saure Sahne mit 150 g Crème fraîche, 50 g ungeschwefelten, kleingehackten Rosinen mischen sowie 1/4 TL gemahlenem Koriander oder Curry. Mit Zitronensaft oder Orangensaft und Salz und Pfeffer abschmecken.

Forellenmousse

2 Portionen

4 kleine geräucherte Forellenfilets ohne Haut (250 g),
6 Dillsträußchen,
2 EL Sahnedickmilch,
25 g Limonensaft,
Pfeffer aus der Mühle,
6 bis 8 Salatblätter,
Limonen- oder Zitronenscheiben

Die Forellenfilets im Mixer pürieren oder mit einer Gabel ganz fein zermusen. Von 2/3 des Dills die Spitzen abschneiden, fein schneiden oder hacken, unter die Sahnedickmilch mischen und mit Limonensaft und Pfeffer würzig abschmecken. Die Mousse in den Kühlschrank stellen und erst kurz vor dem Anrichten mit einem Eßlöffel Nocken abstecken und auf gewaschene, getrocknete Salatblätter legen. Mit dem restlichen Dill und Limonen- oder Zitronenscheiben garnieren.

Beilagen:
Getoastetes Vierkornbrot

Sonntagstoast

1 frisch geräucherte Wacholderforelle,
4 Scheiben Dreikorntoast,
Butter,
2 Tomaten,
8 grüne gegarte Spargel,
4 Scheiben Emmentaler,
schwarzer Pfeffer aus der Mühle,
Oregano (wilder Majoran)

Die Haut von den Forellen abziehen, die Filets ablösen und in kleinere Stücke schneiden. Toastbrote ganz leicht rösten, kurz abgekühlt mit wenig Butter bestreichen. Tomaten waschen, in Scheiben schneiden und darauf verteilen. Darüber die Filetstücke und die Spargel geben. Brote mit Emmentaler abdecken und im vorgeheizten Elektrobackofen bei 250 °C oder Stufe 5 im Gasherd oder unter dem Grill kurz überbacken, bis der Käse anfängt zu schmelzen. Mit Pfeffer bestreut servieren.

Toast Exquisit

4 Scheiben Dreikorntoast,
20 g Butter,
4 gewaschene und getrocknete Salatblätter,
2 Packungen Räucherforellenfilets à 150 g,
1/2 Honigmelone,
2 EL Sahne,
2 EL Joghurtmayonnaise,
2 TL Meerrettich,
1 EL gehackte Petersilie,
Zitronensaft oder Zitronenpfeffer

Die Toastscheiben hell toasten, abkühlen lassen, mit Butter bestreichen und mit den Salatblättern belegen. Räucherforellenfilets einmal quer durchschneiden und jeweils 2 Hälften darauflegen. Honigmelone in 4 oder 8 Schnitze schneiden, von der Schale lösen, Kernchen entfernen und jeweils 2 auf die Forellenfilets legen.

Sahne steif schlagen, Mayonnaise, Meerrettich, Petersilie daruntermischen und nach Geschmack mit Zitronensaft oder Pfeffer würzen. Forellenfilets damit garnieren.

Exotischer Toast

2 Portionen

2 Scheiben Dreikorntoast,
10 g Butter,
1 Bund Schnittlauch,
2 geräucherte Forellenfilets,
1 Banane,
2 bis 3 EL Zitronensaft,
60 g geriebener Gouda,
4 EL Joghurt-Salatcreme,
1 EL Tomatenketchup,
2 EL Sahnedickmilch,
Meersalz,
Pfeffer,
4 Salatblätter

Die Toastscheiben hell rösten und etwas abgekühlt mit Butter bestreichen. Schnittlauch waschen, trocknen, schneiden und auf die Brote verteilen. Forellenfilets der Länge nach teilen, einmal quer durchschneiden und darauflegen. Banane schälen, in Scheiben schneiden, mit Zitronensaft beträufeln und auf die Brote legen. Mit geriebenem Käse abdecken und die Toastbrote im vorgeheizten Elektrobackofen 10 bis 15 Minuten bei 200 °C oder Stufe 3 im Gasherd goldgelb backen. Joghurt-Salatcreme mit Sahnedickmilch und Tomatenketchup verrühren, würzig abschmecken, auf den Salatblättern verteilen und dazu reichen.

Forelle blau mit Avocadosauce

4 frische oder tiefgekühlte, küchenfertige Forellen,
Meersalz, 1/4 l Weinessig,
2 bis 3 l Wasser,
TK-Fischgewürz, Petersilienwurzel

Avocadosauce:
1 TL Senf, 3 Eigelb,
1 bis 2 EL Zitronensaft,
1 bis 2 EL Fischsud,
1/8 l Sahne,
1 EL kleingehackte Petersilie,
1 EL Zwiebelwürfel,
Meersalz, Zitronenpfeffer,
1 EL hell geröstete Sesamkörner,
Petersilienblättchen, Zitronenachtel

Die Forellen vorsichtig und sorgfältig waschen, damit der Schleim nicht verletzt und das Blauwerden nicht gefährdet ist. Tiefgekühlte Forellen bedürfen keiner Vorbereitung und werden sofort in den kochenden Sud gegeben. Die frischen Forellen nur innen salzen. Mit dem heißen Weinessig übergießen und 30 Minuten ziehen lassen. In der Zwischenzeit Wasser mit Fischgewürz und Petersilienwurzel zum Kochen bringen, Forellen einlegen und je nach Größe zugedeckt bei geringer Hitze 12 bis 15 Minuten gar ziehen lassen. Sie sind gar, wenn sich die Rückenflossen leicht herausziehen lassen.

Für die Sauce Senf mit Eigelb verrühren, Zitronensaft, 1 bis 2 Eßlöffel Fischbrühe cremig schlagen, leicht geschlagene Sahne, Zwiebelwürfel und Sesamkörner unterziehen und mit den Gewürzen abschmecken. Forellen auf einer vorgewärmten Platte anrichten, mit der Sauce übergießen und mit Petersilienblättchen und Zitronenachtel garnieren.

Anmerkung:

Forellen kommen nur noch selten gebogen, mit einem Faden durch Schwanz und Kiefer gezogen, zum Tisch. Sie lassen sich auch ungebogen angerichtet problemloser essen.

Forellen nach Müllerinart (à la meunière)

2 Portionen

2 küchenfertige Forellen,
etwa 4 EL Mehl,
Meersalz,
Zitronenpfeffer,
2 EL kleingehackte Petersilie,
75 g Butter,
Zitronenscheiben,
2 EL Crème fraîche,
1/2 Gläschen Forellenkaviar (25 g)

Die Forellen innen und außen gut waschen und trockentupfen. Mehl mit Salz, Pfeffer und Petersilie vermischen, Forellen darin wenden und in der heißen Butter unter Wenden je Seite 5 Minuten goldbraun und knusprig braten. Auf einer vorgewärmten Platte anrichten, mit Zitronenscheiben garnieren und auf jede Scheibe einen Klecks Crème fraîche und etwas Forellenkaviar setzen.

Beilagen:
Petersilienkartoffeln, Buttersauce und Blattsalat

Variante:
Die Dekoration (Zitronenscheiben) weglassen und hell geröstete Mandelblättchen darüber verteilen.

Gefüllte Forellen auf Möhren und Kartoffeln

2 küchenfertige Forellen,
1 EL Zitronensaft oder Kräuteressig,
Salz,
Zitronenpfeffer,
2 Frühlingszwiebeln,
200 g Möhren,
4 eigroße Kartoffeln,
30 g Butter,
2 Scheiben Räucherspeck, durchwachsen,
1/4 l trockener Weißwein

Die Forellen innen und außen gründlich waschen, trockentupfen, innen mit Zitronensaft oder Kräuteressig beträufeln und etwas salzen und pfeffern. Frühlingszwiebeln putzen, in Ringe schneiden. Möhren putzen, waschen, in Scheiben und die geschälten Kartoffeln in Würfel schneiden. Die Butter erhitzen, Zwiebeln hell anschwitzen, Möhren und Kartoffeln dazugeben und etwa 4 Minuten andünsten. Danach in eine gefettete Auflaufform füllen. Die Forellen mit dem Räucherspeck darauflegen, Weißwein zugießen und im vorgeheizten Backofen, im Elektroherd bei 200 °C, im Gasherd auf Stufe 3, 15 bis 20 Minuten garen.

Nudelpfanne mit Forellen und Brokkoli

250 g Teigwaren,
Salzwasser,
4 Brokkolistauden,
(oder 2 Packungen TK-Brokkoli),
50 g Butterschmalz,
Kräutersalz,
Zitronenpfeffer,
150 bis 200 g geräuchertes Forellenfilet

Die Teigwaren in kochendes Salzwasser einlegen, nach Vorschrift garen und abtropfen lassen. Brokkolistauden kürzen, waschen, in Salzwasser höchstens 10 Minuten kochen und zum Abtropfen auf ein Sieb geben. Tiefgekühlte Brokkoli werden unaufgetaut verwendet. Forellenfilet in kleine Stücke schneiden. In einer größeren Pfanne Butterschmalz erhitzen, zerkleinerte Brokkoli dazugeben, leicht bräunen, die Teigwaren daruntermischen und unter Wenden erwärmen. Würzig mit Kräutersalz und Zitronenpfeffer abschmecken und auf einer Platte mit den Forellenfiletstücken anrichten.

Schwäbisches Forellengericht

2 küchenfertige Forellen,
Zitronensaft,
Meersalz,
weißer Pfeffer,
3 bis 4 Karotten,
3 bis 4 pürierte Tomaten,
1 Bund feingewiegte Petersilie,
1 EL kleingehackte Nüsse oder geröstete Sonnenblumenkerne,
3 EL geriebener Gouda oder Edamer,
1/2 l Sahne

Die Forellen innen und außen waschen, trockentupfen, mit Zitronensaft beträufeln, etwas salzen und pfeffern und in eine gefettete, flache Auflaufform legen. Karotten schaben, waschen, raspeln und mit Petersilie, den Nüssen oder gerösteten Sonnenblumenkernen und den Tomaten darüber verteilen. Geriebenen Käse unter die Sahne mischen, darübergießen und das Gericht im vorgeheizten Elektrobackofen 20 bis 30 Minuten bei 200 °C oder im Gasherd auf Stufe 3 backen.

Beilagen:
Kleine gekochte und gebratene Kartoffeln und Blattsalat

Forellen in Folie mit Gemüse auf chinesische Art

4 küchenfertige Forellen,
4 EL Zitronensaft,
6 EL Sojasauce,
1 Bund Petersilie,
4 Frühlingszwiebeln,
300 g Staudensellerie,
300 g Möhren,
1 grüne Paprikaschote,
4 EL Sesamöl,
Pfeffer

Die Forellen innen und außen abspülen und mit Küchenpapier trockentupfen. Innen mit 2 EL Zitronensaft und 2 EL Sojasauce bestreichen. Außen mit dem restlichen Zitronensaft einpinseln. Petersilie mit kaltem Wasser abbrausen, trockentupfen und in die Forellen geben. Frühlingszwiebeln, Staudensellerie und Möhren putzen, waschen und in feine Streifen schneiden. Die Paprikaschote halbieren, Trennwände und Kerne entfernen, Hälften waschen, trocknen und in Streifen schneiden. 4 große Stücke extra starke Alufolie zuschneiden. Mit Sesamöl bestreichen und das Gemüse daraufgeben. Mit der restlichen Sojasauce beträufeln. Die Forellen leicht mit Pfeffer bestreuen, auf das Gemüse legen und locker in die Folie einpacken. Seiten gut zufalten. Die Fische in dem vorgeheizten Elektroherd bei 220 °C, im Gasherd auf Stufe 4 etwa 20 Minuten garen. Folie auf einer Seite öffnen, Flüssigkeit in eine Schüssel abgießen, Fische herausnehmen, dann häuten und filetieren. Das Gemüse auf einer Platte anrichten, Filets darauflegen und die aufgefangene Sauce, nach Belieben auch noch etwas Sojasauce, darübergießen.

Beilage:
Reis oder Petersilienkartoffeln

KIKKOMAN
Soya-Sauce
140 ml

Evas Forellenfilets mit Dillrahm und Mandeln

4 geräucherte Forellen,
Zitronensaft,
3 Frühlingszwiebeln,
2 Bund Dill,
1/4 l Sahne,
Meersalz,
weißer Pfeffer aus der Mühle,
1 EL hell geröstete Mandelblättchen

Die Forellenfilets auf einer Platte anrichten, mit Zitronensaft beträufeln und zugedeckt bis zum Verbrauch kalt stellen. Zwiebeln in kleine Stückchen schneiden. Dill abbrausen, von den Stengeln zupfen und kleinhacken. Sahne steif schlagen, Zwiebelstückchen und Dill daruntermischen, mit Meersalz und Pfeffer würzen, anrichten und mit gerösteten Mandelblättchen garnieren.

Beilage:
Pellkartoffeln

Getränk:
Riesling

Variante:
Anstatt Dill gemischte Küchenkräuter oder nur Petersilie verwenden.
Mandeln weglassen und mit frischen Shrimps oder Forellenkaviar garnieren.

Pochierte Forellen auf Zucchini

4 küchenfertige Forellen,
Zitronensaft,
Meersalz,
750 g Zucchini,
1 rote Paprikaschote,
2 Zwiebeln,
1 Knoblauchzehe,
100 g Butter,
1/4 l Weißwein,
je 1 EL feingehackte Petersilie und Dill

Die Forellen innen und außen gut waschen, trockentupfen, säuern und salzen. Zucchini gut waschen, abtrocknen und in nicht zu dünne Scheiben schneiden. Paprikaschoten entkernen, Scheidewände entfernen, Schoten waschen, abtrocknen und in Stifte schneiden. Geschälte Zwiebeln und Knoblauchzehe kleinwürfeln und die Hälfte der Zwiebeln mit den Knoblauchstückchen in 60 g Butter glasig dünsten. Das Gemüse dazugeben und kurz mitdünsten. In einen großen, flachen Topf umfüllen, etwas Weißwein zugießen, Salz darüberstreuen, die Forellen darauflegen und zugedeckt bei geringer Hitze 15 bis 20 Minuten garen. Restliche Butter erhitzen, die übrigen Zwiebelstückchen und Kräuter dazugeben, glasig dünsten und auf dem Gemüse verteilen. Alles auf einer vorgewärmten Platte anrichten.

Beilage:
Folienkartoffeln mit Crème fraîche und Forellenkaviar

Variante:
Anstatt Zucchini können auch Gurkenscheiben verwendet werden.

Forellen im Joghurtmantel

4 frische oder tiefgekühlte küchenfertige Forellen,
zu je 250 g Saft einer Zitrone,
Meersalz,
weißer Pfeffer,
4 kleine Äpfel,
4 kleine Birnen,
Curry, Ingwerpulver,
1/8 l trockener Sherry,
1 Becher Joghurt,
2 EL frisch gehackter Dill,
2 EL kleingehackte Mandeln oder Haselnüsse

Die Forellen unter kaltem Wasser abspülen und trockentupfen. Tiefgekühlte Forellen nach Vorschrift behandeln. Innen und außen mit Zitronensaft beträufeln, salzen und pfeffern. Äpfel und Birnen schälen, vierteln, entkernen, kleinhacken und mit Curry und Ingwer würzen. Damit die Forellen füllen, in eine gefettete Auflaufform legen und übriggebliebene Fülle dazugeben. Joghurt verrühren, über die Forellen gießen, mit Dill bestreuen und im vorgeheizten Elektrobackofen 20 bis 25 Minuten bei 200 °C oder im Gasherd auf Stufe 3 garen. Mit gehackten Mandeln oder Haselnüssen darüber anrichten. In der Form servieren.

Beilagen:
Salzkartoffeln und leicht gebräunte Butter

Marinierte Forellen mit Kruste

4 küchenfertige Forellen,
4 EL Zitronensaft,
4 EL Sojasauce,
1 Bund Petersilie,
1/2 TL Kräuter der Provence,
Meersalz,
Paprikapulver,
frisch gemahlener schwarzer Pfeffer,
reichlich Sonnenblumenöl (etwa 1/4 l)

Die Forellen innen und außen sorgfältig waschen, mit Küchenkrepp trockentupfen und innen mit Zitronensaft und Sojasauce bepinseln. Petersilie kalt abbrausen, trocknen und kleinhacken. Mit den Kräutern der Provence, Meersalz, Paprika und Pfeffer zu dem Öl geben. Forellen in die Marinade legen und auf jeder Seite etwa 30 Minuten ziehen lassen. Abtrocknen, mit Salz, Paprika und Pfeffer würzen und in einer größeren Pfanne in reichlich Öl unter Zugabe der Marinade und unter Wenden je nach Größe etwa 10 Minuten braten.

Beilagen:
Kartoffelgratin und Tomatensalat

Gegrillte Osterforellen

4 küchenfertige Forellen,
Kräutersalz,
Pfeffer,
2 EL Zitronensaft,
2 Zwiebeln,
kleingehackte Kräuter (Dill, Rosmarin, Estragon),
Sonnenblumenöl

Die Forellen innen und außen abspülen und gut trockentupfen. Mit Kräutersalz, Pfeffer und Zitronensaft nur innen würzen. Geschälte Zwiebeln kleinhacken und mit den Kräutern in die Bauchhöhlen füllen. Die Rückenhaut der Forellen im Abstand von 2 bis 3 cm einschneiden und mit Sonnenblumenöl bepinseln. Forellen auf jeder Seite etwa 6 Minuten grillen und des öfteren mit Öl bepinseln. Zuletzt salzen.

Beilagen:
Kartoffelsalat, Essiggurken und Stangenweißbrot

Variante:
Mit Schinkenspeck oder Mandarinenspalten garnieren.
Anstelle von Öl die Forellen mit zerlassenem Butterschmalz einpinseln. Der feine Buttergeschmack paßt gut zu Forellen.
Gegrillte Forellen eignen sich gut für Partys und sind immer willkommen.

Tip:
Grillrost mit gefetteter Alufolie belegen und darauf die Forellen legen. Backofen oder Grillgerät bleibt dann sauber.

FEINES
RAPSÖL

Forellenröllchen mit Haselnuß-Rahmsauce

3 Portionen

3 küchenfertige, filetierte Forellen,
Zitronensaft, Kräutersalz,
6 grüne Spargel,
40 g Butter,
3/4 l Weißwein

Sauce:
125 g gemahlene Haselnüsse,
1/8 l Sahne,
Meersalz, Pfeffer,
etwas Wermut

Die Forellenfilets vorsichtig mit Küchenkrepp abtupfen, mit Zitronensaft beträufeln und mit Kräutersalz würzen. Die Spargel nicht schälen, wenn notwendig am Ende etwas kürzen und in der Mitte durchschneiden. Auf die Forellenfilets verteilen, aufrollen und mit Holzstäbchen zusammenhalten. Butter zerlassen, Forellenröllchen dazugeben und so viel Weißwein zugießen, daß die Röllchen gerade bedeckt sind. Weißwein zum Kochen bringen und die Filets bei schwacher Hitze in 5 bis 6 Minuten garen, herausnehmen und warm halten. Haselnüsse zu dem Fischfond geben, kurz durchkochen, die Sauce mit etwas Butter und Sahne verfeinern und nach Geschmack würzen. Forellenröllchen in der Sauce anrichten.

Beilagen:
Salzkartoffeln, mit gerösteten Zwiebelwürfelchen vermischt, und Tomatensalat

Variante:
Die Sauce schmeckt auch mit Mandeln oder Walnüssen zubereitet und mit Weinbrand abgeschmeckt vorzüglich.

Forellengratin mit Champignons und Zitronenbutter

80 bis 100 g Butter,
1 Eigelb, Zitronensaft,
Meersalz, 4 küchenfertige Forellen,
250 g frische Champignons,
Zitronenpfeffer,
100 g Schinkenwürfel,
10 gefüllte Oliven,
3 bis 4 geschälte Tomaten,
4 EL geriebenen Käse,
knapp 1/4 l Sahne

Für die Zitronenbutter die Butter schaumig rühren, Eigelb dazugeben, mit Zitronensaft und Meersalz abschmecken, in Alufolie einwickeln und im Kühlschrank fest werden lassen.
Die Forellen sorgfältig waschen, trockentupfen, mit Zitronensaft beträufeln und innen wie auch außen mit Salz und Pfeffer würzen.
Champignons putzen, waschen, blättrig schneiden, mit Zitronensaft beträufeln, wenig salzen und pfeffern und mit den Schinkenwürfeln und je einem Stück Zitronenbutter in die Forellen füllen. Mit Holzstäbchen zustecken und in eine gefettete Auflaufform legen. Oliven kleinhacken, Tomaten pürieren und über den Forellen verteilen. Geriebenen Käse unter die Sahne mischen, zu den Forellen geben und im vorgeheizten Elektrobackofen bei 200 °C oder im Gasherd auf Stufe 3 etwa 20 Minuten backen. Die Größe bestimmt die Backzeit.

Beilage:
Folienkartoffeln mit einem Klecks saurer Sahne darauf.

Variante:
Champignons weglassen und Austernpilze, die sehr schmackhaft sind, verwenden.

Mandelforelle mit Papaya

4 küchenfertige Forellen,
Zitronensaft,
4 EL Mehl,
1 Papaya,
125 g Butterschmalz,
80 bis 100 g Mandelblättchen

Die Forellen waschen, mit Küchenkrepp trockentupfen, innen und außen mit Zitronensaft beträufeln, salzen und in Mehl wenden. Papaya schälen, halbieren, entkernen und in Spalten schneiden. Butterschmalz erhitzen, Forellen dazugeben, auf beiden Seiten anbraten und unter Wenden bei verminderter Hitze auf beiden Seiten je 10 Minuten braten. Während der letzten 3 Minuten Mandelblättchen dazugeben und hellgelb anrösten. Forellen mit dem Fond auf einer vorgewärmten Platte anrichten, Mandeln mit dem restlichen Fond darüber verteilen. Mit Papayaspalten garnieren.

Beilagen:
Petersilienkartoffeln und Rohkostsalat

Varianten:
Papaya weglassen und mit Karottenstreifen oder gebratenen Bananenhälften garnieren.
Forellen mit Weinbrand übergießen und anzünden. Eine feine Sache!

Leckerbissen aus dem Backofen

4 küchenfertige Forellen,
Senf, Zitronensaft,
Meersalz,
weißer Pfeffer aus der Mühle,
1 EL zimmerwarme Butter,
200 g Krabben,
1 geriebene Zwiebel,
1 EL kleingehackter Dill,
1/4 l herber Weißwein,
Zitronenscheiben

Die Forellen waschen, trockentupfen, innen mit Senf bestreichen, außen mit Zitronensaft beträufeln und mit Salz und Pfeffer würzen. Butter schaumig rühren und Krabben, Zwiebel und Dill daruntermischen. Mit Salz und Pfeffer abschmecken und in die Bauchhöhle der Forellen füllen. Mit Holzstäbchen zustecken, in eine flache, gefettete Auflaufform geben, Weißwein zugießen und im vorgeheizten Elektrobackofen 20 bis 30 Minuten bei 200 °C oder im Gasherd auf Stufe 3 backen. Mit Zitronenscheiben garnieren und in der Form servieren.

Beilagen:
Kartoffelbrei oder Butterreis und Rohkostsalat

Mousse von Räucherforellen auf Blattspinat

300 g Forellenfilets, geräuchert,
1/10 l trockener Rosé, 2 Eiweiß,
gut 1/10 l gekühlte Sahne, Zitronensaft,
Kräutersalz, rosa Pfeffer aus der Mühle,
2 TL eingelegte Pfefferkörner,
1 EL Forellenkaviar aus dem Glas,
1 Paket TK-Blattspinat,
1 kleingehackte Zwiebel oder Knoblauchzehe,
Butter, Meersalz,
schwarzer Pfeffer aus der Mühle

Die gut gekühlten Forellenfilets in kleinere Stücke schneiden und mit dem Rosé und dem Eiweiß im Mixer pürieren. Sahne dazugeben und mit den Gewürzen pikant abschmecken. Pfefferkörner daruntermischen und in vier gefettete Tassen oder Vorspeisenförmchen füllen. Mit gefetteter Alufolie jedes Gefäß abdecken, auf die Fettpfanne im Backofen stellen, heißes Wasser etwa 2 1/2 cm hoch zugießen und die Mousse im Wasserbad etwa 20 Minuten garen. Darauf achten, daß das Wasser 80 °C nicht übersteigt. Es darf auf keinen Fall blubbern und muß immer unter dem Siedepunkt gehalten werden.

Spinat nach Anweisung auftauen. Zwiebel- oder Knoblauchstückchen in Butter hell dünsten, unter den Spinat mischen, würzig abschmecken und auf einer vorgewärmten Platte anrichten. Beim Mousse eine Garprobe mit einer Spicknadel machen. Mousse auf den Spinat stürzen und mit Forellenkaviar garnieren.

Beilage:
Frisches Weißbrot

Tip:
Forellenmousse eignet sich zum Einfrieren. Es empfiehlt sich dann, die Zutaten zu verdoppeln und in einer mit Alufolie ausgelegten Kastenform zu garen. Erkalten lassen, herausnehmen und einfrieren. Kann jederzeit als Vorspeise mit einer Kapernsauce gereicht werden.

Kräuterforellen in Portweinaspik mit Exotendip

4 küchenfertige Forellen,
Meersalz, 2 Bund Petersilie,
3 l Wasser, 1 Zwiebel, 1 Karotte,
2 Lorbeerblätter,
1 Zweig frischer Thymian, Pfefferkörner,
4 Blatt weiße Gelatine,
1/8 l trockener Weißwein,
3 EL Portwein, Zitronensaft,
4 Kiwis, 1 Becher Crème fraîche (200 g),
weißer Pfeffer aus der Mühle

Die Forellen waschen und innen und außen salzen. Petersilie kalt abbrausen, mit Küchenkrepp gut trocknen und in die Forellen füllen.

Für den Fischsud in einem ausreichend großen Topf Wasser mit der geschälten, geviertelten Zwiebel, der geschabten, kleiner geschnittenen Karotte, den Lorbeerblättern, Thymian und Pfefferkörnern 15 Minuten zugedeckt kochen lassen. Forellen einlegen und zugedeckt bei geringer Hitze je nach Größe 15 bis 20 Minuten gar ziehen lassen. Vorsichtig aus dem Sud nehmen, die Haut abziehen und auf einer Platte abkühlen lassen.

Gelatine einweichen. 1/8 l Weißwein und 1/8 l Fischsud erhitzen und die gut ausgedrückte Gelatine einrühren, bis sie sich aufgelöst hat. Portwein dann dazugeben, abkühlen lassen und, kurz ehe das Aspik fest ist, über die Forellen verteilen und im Kühlschrank erstarren lassen.

Für den Exotendip die Kiwis schälen, in Scheiben schneiden und einige davon zum Garnieren beiseite legen. Die restlichen Kiwischeiben mit einer Gabel zerdrücken, unter die verquirlte Crème fraîche rühren und mit Zitronensaft, Salz und Pfeffer abschmecken.

Beilagen:
Geröstete Dreikorn-Toastscheiben oder Stangenweißbrot mit Butter

Forellen-Quiche

Teig:

200 g Mehl,
100 g Butter oder Margarine,
1 Ei, 1 Prise Salz

Fülle:
2 geräucherte Forellenfilets,
2 Karotten,
1 kleine Stange Lauch (Porree),
75 g Butter oder Margarine,
2 EL Mehl, 1/4 l saure Sahne,
2 Eier, 1 bis 2 EL Meerrettich,
200 g geriebener Käse

Aus Mehl, kleinen Butter- oder Margarinestückchen, Ei und Salz einen Mürbteig kneten, ausrollen und in eine gefettete Springform legen. Rand etwa 3 cm hoch andrücken. Forellenfilets in kleinere Stücke schneiden und auf den Teigboden geben. Karotten schaben, waschen, in dünne Stifte und den vorbereiteten Lauch in Scheiben schneiden. Gemüse über die Forellenstücke verteilen. Butter oder Margarine cremig rühren, Mehl, Sahne, Eier, Meerrettich und Käse daruntermischen und die Quiche damit abdecken. Im vorgeheizten Elektrobackofen etwa 30 Minuten bei 200 °C oder im Gasherd auf Stufe 3 backen. Heiß servieren. Schmeckt hervorragend.

Beilage:
Kaperncreme. Dazu 1 Becher Sahnedickmilch (175 g) mit Meersalz, Pfeffer, Zitronensaft verrühren und 4 bis 5 EL Kapern daruntermischen.

Varianten:
Statt Mürbteig einen tiefgekühlten und aufgetauten Blätterteig verwenden.
Meerrettich in der Fülle weglassen.
Geräucherte Forellen durch gekochte ersetzen.
2 EL geschälte, kurz geröstete Sonnenblumenkerne darübergeben und mitbacken.

Provenzalische Forellenpfanne

4 küchenfertige Forellen von je 250 g,
Saft einer 1/2 Zitrone,
Kräutersalz, weißer Pfeffer aus der Mühle,
200 g Sellerieknolle, 200 g Karotten,
2 Stangen Lauch (Porree), 40 g Butterschmalz,
3/8 l Weißwein, 1/8 l Würfelbrühe,
400 g Sauerampfer, 1 Bund Petersilie,
2 EL geröstete Zwiebelstückchen

Die Forellen innen und außen gut waschen, säuern und mit Salz und Pfeffer würzen. Sellerie und Karotten säubern, schälen und in sehr kleine Würfel schneiden. Lauch vorbereiten und in Ringe schneiden. Die Hälfte des Butterschmalzes erhitzen, Gemüse andünsten, Weißwein und Brühe zugießen und zugedeckt bei geringer Hitze dünsten. Eine flache, gefettete Auflaufform mit dem Gemüse und der Brühe füllen. Stiele von Sauerampfer und Petersilie entfernen, unter fließendem Wasser abbrausen, abtropfen lassen, noch besser mit Küchenkrepp trocknen, und kleinhacken. In 10 g heißem Butterschmalz kurz dünsten. Einige Blätter von beiden Kräutern zum Garnieren beiseite legen. Forellen mit den gedünsteten Kräutern füllen, auf das Gemüse legen, mit Alufolie verschließen und im vorgeheizten Elektrobackofen etwa 30 Minuten bei 200 °C oder im Gasofen auf Stufe 3 garen. Mit gerösteten Zwiebelstückchen und zurückgelassenen Kräutern garnieren.

Beilagen:
Schupfnudeln

Variante:
3 bis 4 Eßlöffel Wermut geben dem Gericht eine besondere Note.

Lunzer Forelle mit Knoblauchsauce

(Niederösterreich)

4 frische, küchenfertige Forellen,
Kräutersalz, Zitronenpfeffer,
4 EL kleingehackte Petersilie, 4 Fleischtomaten,
40 g Semmelbrösel, 3 bis 4 EL Parmesankäse,
50 g weiche Butter, 1 Becher saure Sahne
oder Crème fraîche (200 g),
1/2 Knoblauchzehe, Zitronenscheiben, Dill

Die Forellen innen und außen waschen, mit Küchenpapier trockentupfen. Innen mit Kräutersalz und Zitronenpfeffer würzen. Die Petersilie in die Forellen füllen. Die gewaschenen Fleischtomaten abtrocknen und halbieren. Eine feuerfeste Auflaufform mit Butter bestreichen, die Forellen und die Tomatenhälften mit der Schnittfläche nach oben hineinlegen. Die Semmelbrösel mit dem Parmesankäse vermischen und über die Forellen und Tomaten streuen. Die Butter cremig rühren, saure Sahne oder Crème fraîche dazugeben und mit der zerdrückten Knoblauchzehe sowie Kräutersalz und Zitronenpfeffer würzen. Über die Forellen gießen. Im vorgeheizten Elektrobackofen bei 220 °C, im Gasherd auf Stufe 4 20 bis 25 Minuten backen. Mit Zitronenscheiben und Dill garnieren.

Variante:
Saure Sahne anstatt mit Knoblauch mit Muskat und kleingeschnittener Zitronenmelisse würzen.

Forellenfilet auf italienische Art

4 küchenfertige, filetierte Forellen,
4 EL Zitronensaft, Salz, weißer Pfeffer aus der Mühle,
2 EL Mehl, 2 EL Sonnenblumenöl,
200 g Mozzarella am Stück, 4 Tomaten,
1 kleine Knoblauchzehe, 6 bis 8 EL frisches Basilikum

Die Forellenfilets mit Zitronensaft beträufeln, innen leicht salzen und pfeffern, in Mehl wenden und in dem heißen Öl auf jeder Seite etwa 3 Minuten braten. In eine mit Butter gefettete, flache Auflaufform geben. Mozzarella mit einem Käsehobelmesser in hauchdünne Scheiben schneiden und die Forellenfilets damit abdecken. Tomaten mit heißem Wasser überbrühen, schälen, in kleine Stücke schneiden, um die Forellenfilets legen, mit Salz und Pfeffer bestreuen und zerdrückte Knoblauchzehe darübergeben. Im vorgeheizten Elektrobackofen 10 bis 15 Minuten bei 200 °C oder Stufe 3 im Gasherd überbacken. Basilikum kalt abbrausen, trocknen, kleiner schneiden und darüber verteilen.

Beilage:
Mandelreis

Getränk:
trockener Weißwein

Folienforelle auf ungarische Art

3 Portionen

3 frische oder tiefgekühlte, küchenfertige Forellen,
Zitronensaft, Meersalz, Pfeffer,
2 EL kleingehackte Pinienkerne,
4 bis 5 EL Wermut oder Tokajer,
150 g ungarische Gänseleber (Dose),
1 TL kleingeschnittener Schnittlauch,
2 TL frische, kleingehackte Zitronenmelisse

Die Forellen unter fließendem Wasser waschen und vorsichtig trockentupfen, tiefgekühlte nach Vorschrift auftauen lassen. Innen und außen mit Zitronensaft beträufeln und nur ganz leicht salzen und pfeffern. Pinienkerne, Wermut oder Tokajer unter die Gänseleber mischen und mit den Kräutern in die Fische füllen. Mit Holzstäbchen zustecken. Je ein Stück Folie, das größer sein muß als die Forellen, mit etwas zerlassenem Butterschmalz bestreichen. Die Forellen darauflegen, Folie zusammenfalten, dabei etwas Raum lassen, damit die Luft zirkulieren kann. Die Forellenpäckchen in den vorgeheizten Elektrobackofen schieben und bei 200 °C oder im Gasherd auf Stufe 3 etwa 20 Minuten garen. Holzstäbchen entfernen und die Forellen ausgewickelt auf einer vorgewärmten Platte anrichten.

Beilage:
Petersilienkartoffeln, mit gerösteten Speckwürfelchen vermischt

Tessiner Forellengericht

4 küchenfertige, filetierte Forellen,
Zitronensaft, Meersalz, Pfeffer,
50 g Butter, einige kleine Perlzwiebelchen,
1/2 l Rosé, 1 TL rosa Pfefferkörner,
Mehlbutter (30 g Mehl, 20 g Butter),
1/8 l Sahne,
150 g grüne gewaschene, halbierte, kernlose Trauben

Die Forellenfilets mit Zitronensaft beträufeln, etwas salzen und pfeffern und 20 Minuten beiseite stellen. Butter erhitzen, Perlzwiebelchen und Forellenfilets dazugeben, Rosé zugießen, und zwar so viel, daß die Filets gut bedeckt sind. Zerstoßene rosa Pfefferkörner dazugeben und in 10 Minuten gar ziehen lassen. Filets herausnehmen und warm halten. Fond mit Mehlbutter (Mehl mit Butter zu einer Kugel formen) binden, Trauben dazugeben, mit Sahne verfeinern, sanft abschmecken und die Filets auf einer vorgewärmten Platte in der Sauce anrichten.

Beilage:
Butter- oder Mandelreis

Tip:
Die Forellen in Sekt gar ziehen lassen, dann ist es ein Gericht für Genießer.

Gebratene Forelle auf holländische Art

4 küchenfertige Forellen, frisch oder tiefgefroren,
1 Scheibe entrindetes Weißbrot (25 g),
1 Ei, 100 g frische Champignons,
100 g alter, geriebener Gouda,
1 kleine gehackte Zwiebel, 2 EL gewiegte Petersilie,
Saft einer 1/2 Zitrone, Meersalz, weißer Pfeffer,
3 bis 4 EL Mehl, 40 g Butter

Die frischen Forellen innen und außen abspülen, trockentupfen oder die tiefgefrorenen nach Vorschrift behandeln. Weißbrot in kaltem Wasser einweichen. Champignons putzen, waschen, blättrig schneiden und mit dem ausgedrückten Brot, Ei, Käse, Zwiebel und Petersilie vermischen, würzen und in die Bauchhöhle der Forellen füllen. Mit Holzstäbchen zustecken. Forellen mit Zitronensaft beträufeln, salzen und pfeffern, in Mehl wenden und in der heißen Butter je nach Größe auf jeder Seite 6 bis 8 Minuten braten. Holzstäbchen entfernen und die Forellen mit Zitronenscheiben auf einer vorgewärmten Platte anrichten.

Beilage:
Bratkartoffeln und Blattsalat

Getränk:
Weißwein vom Rhein

Forellen auf spanische Art

4 küchenfertige Forellen,
Suppengemüse, Salzwasser,
1 Schuß Essig,
einige Pfefferkörner,
1 Lorbeerblatt,
Zitronenscheiben

Grüne Sauce:
2 Bund Petersilie,
2 Bund Schnittlauch oder gemischte Kräuter der Saison,
1/4 l Öl, Salz

Die Forellen waschen, aber sehr vorsichtig, damit der Schleim nicht verletzt wird. Reichlich Salzwasser mit einem Schuß Essig, dem vorbereiteten Suppengemüse und den Gewürzen zum Kochen bringen. Forellen einlegen und bei geringer Hitze 10 bis 15 Minuten gar ziehen lassen. Vorsichtig herausnehmen, auf einer vorgewärmten Platte anrichten und dann mit Zitronenscheiben garnieren.
Für die grüne Sauce die Kräuter abbrausen, mit Küchenpapier trocknen, sehr klein hacken, besser noch in einer Schüssel mit einem Stößel breiig drücken. Unter Rühren das Öl zugeben. Mit Salz abschmecken und die Sauce gesondert zu den Forellen reichen.

Beilage:
Salzkartoffeln und Salat

Forellensalat nach Jacques

250 g geräuchertes Forellenfilet,
100 bis 150 g Champignons,
1 saftiger Apfel,
1 Tasse Mangowürfel

Salatcreme:
3 EL Crème fraîche, 1 Becher Sahne,
mittelscharfer Senf, Meersalz,
weißer Pfeffer aus der Mühle,
1 Bund feingehackter Dill

Garnitur:
Friséesalat

Das Forellenfilet in mundgerechte Stücke schneiden. Champignons putzen, waschen und gut abgetropft blättrig und den geschälten, geviertelten, entkernten Apfel in Scheiben schneiden. Alles im Wechsel mit den Mangowürfeln auf einer Platte anrichten.

Für die Salatcreme Crème fraîche mit der Sahne vermischen, mit den Gewürzen abschmecken, zuletzt den Dill dazugeben und über den Salatzutaten verteilen. Erst kurz vor dem Servieren leicht vermischen. Mit vorbereiteten Friséesalatblättern garnieren.

Beilagen:
Hellgeröstete Dreikornbrotscheiben und Butter

Variante:
Zur Abwechslung einmal frisches, 3 Minuten in Weißwein gargezogenes Forellenfilet und anstatt Mangowürfel eingelegten, kleingeschnittenen Kürbis verwenden.

Rauchforellensalat à la Augustin

4 wacholdergeräucherte TK-Forellenfilets,
50 g Feldsalat,
1 Tomate,
1 Tasse gestiftelter Sellerie aus dem Glas

Marinade:
2 EL Himbeeressig, Meersalz,
1 Prise Zucker, 1/2 TL Senf,
2 EL Sonnenblumenöl, Pfeffer,
2 EL kleine geröstete Brotwürfelchen

Die Forellenfilets im Raum aufgeklappt auftauen. (Das dauert etwa 2 Stunden.) Feldsalat putzen, waschen, trockenschleudern. Mit dem Sellerie auf 4 Teller verteilen. Forellenfilets leicht gerollt in die Mitte setzen. Tomate waschen, achteln, Kerne entfernen und auf dem Feldsalat verteilt anrichten. Aus Himbeeressig, Meersalz, Zucker, Senf und Sonnenblumenöl eine Marinade rühren und diese erst kurz vor dem Servieren über den Feldsalat geben. Brotwürfel darauf anrichten.

Beilage:
Vollkornbrot und Butter

Schwarzwälder Salat

4 aufgetaute TK-Rauchforellen,
1 Salatgurke,
1 kleingehackte Zwiebel

Marinade:
3 EL Rotweinessig, 3 EL Distelöl,
Meersalz, Pfeffer aus der Mühle,
kleingehackter Dill,
2 hartgekochte Eier

Die Haut von den Rauchforellen abziehen, die Filets lösen und in dünne Scheiben schneiden. Salatgurke waschen, schälen, halbieren, Kerne herausschaben und die Gurke würfeln. Forellenscheiben und Zwiebelstückchen dazugeben. Aus den restlichen Zutaten, das Ei ausgenommen, eine Marinade rühren, würzig abschmecken, über die Salatzutaten geben, leicht vermischen und durchziehen lassen. Eier schälen, vierteln und damit den Salat garnieren.

Beilage:
Dreikorntoast, hell geröstet

Variante:
Einige frisch gewaschene Shrimps geben dem Salat eine besondere Note.

Feinschmeckersalat

1 Fleischtomate,
250 g grüne, gegarte, erkaltete Spargel,
1 große geräucherte Forelle

Marinade:
Meersalz, Pfeffer,
1 EL Weinessig, 2 EL Sonnenblumenöl

Garnitur:
2 hartgekochte Eier,
3 EL kleingehackte Estragonblätter,
1 Gläschen Forellenkaviar (50 g)

Die Tomate waschen, trocknen, in Scheiben schneiden, Spargel in kleinere Stücke schneiden. Die Haut von der Forelle abziehen, die Filets lösen und schräg in kleine Rauten schneiden. Meersalz, Pfeffer, Weinessig und Öl zu einer Marinade verrühren. Den Rand einer Platte mit Tomatenscheiben belegen, darüber die Forellenrauten, Spargelstücke und Estragon geben. Mit Marinade begießen und mit den geschälten, in Scheiben geschnittenen Eiern garnieren. Eischeiben mit Forellenkaviar krönen.

Beilage:
Toast und Butter

Rustikaler Salat

1/2 Kopf Eichblattsalat,
2 Äpfel,
75 g junger Gouda,
2 geräucherte Forellenfilets,
6 Silberzwiebelchen

Marinade:
1 Becher Joghurt,
1 EL Sonnenblumenöl,
1 EL Zitronensaft oder Weinessig,
Meersalz, Pfeffer,
1 Bund frische kleingehackte Kräuter der Saison

Die Salatblätter putzen, waschen, trockenschleudern und die harten Stielenden aus den Blättern schneiden. In eine Schüssel geben. Äpfel schälen, vierteln, Kernhaus entfernen und in Scheibchen oder Würfelchen schneiden. Gouda stifteln. Forellenfilets in mundgerechte Stücke schneiden und mit den Apfelstücken, Käsestiften und Silberzwiebeln zu den Salatblättern geben. Die Zutaten für die Marinade verrühren und über den Salatzutaten verteilen. Sofort servieren.

Beilage:
Toast und Butter

Anhang

Glossar

Aufgetaute Forellen

können nicht mehr eingefroren werden.

Bachforelle

Man sollte möglichst keinen Zitronensaft oder nicht viel davon verwenden. Ein Zuviel an Säure zerstört das feine nussige Aroma.

Beize

Gebeizte Forellen sind trocken gegarte Fische, die mit frischen Kräutern und Gewürzen für viele Stunden (24 bis 48) in den Kühlschrank gelegt werden. Sie werden nicht in ein Garbad gegeben und auch nicht eingesalzen, gekocht oder geräuchert.

Blaufärbung

wird erreicht, wenn die Forellen vor dem Kochen mit heißem, nicht kochendem Essigwasser übergossen werden.

Braten

Damit die Forellen außen knusprig, innen aber gar sind, soll das Fett heiß sein, es darf aber keinesfalls rauchen. Der ganze Pfannenboden muß gut mit Fett bedeckt sein.

Einkaufen

Auf Frische achten und möglichst erst kurz vor dem Verbrauch kaufen.

Felchen

werden genauso zubereitet wie Forellen.

Fischkräuter

gibt es tiefgekühlt, und sie eignen sich gut für Füllungen und vor dem Braten zum Bestreuen.

Foliengaren

ist ein besonders schonendes Verfahren. Aromastoffe bleiben erhalten, auch ideal für Diät und Schonkost. Beim Einpacken beachten, daß die Folie nicht zu eng anliegt, damit die Luft zirkulieren kann.

Forellenbäckchen

sind für jeden Feinschmecker eine Delikatesse.

Forellenkaviar

ist eine Delikatesse und wird im Glas von 50 g aufwärts preiswert angeboten. Sehr zu empfehlen.

Garprobe

Forellen sind gar, wenn die Augen als weiße Kügelchen hervortreten und sich die Bauchflossen leicht lösen lassen.

Garzeiten von ganzen Forellen

Kochzeit: 12 bis 15 Minuten
Dünstzeit: 15 bis 20 Minuten
Backzeit: 20 bis 30 Minuten
Bratzeit: jede Seite je 5 Minuten
Grillzeit: je Seite 10 Minuten

Gemüsesud

wird in Dänemark mit Weißwein, Essig, Salz und Pfeffer würzig abgeschmeckt und als Suppe in Tassen serviert.

Geräucherte Forellen

schmecken noch einmal so gut, wenn man sie nicht kalt ißt, sondern 5 Minuten in den vorgeheizten Backofen legt. Das Aroma ist dann besonders fein, und die Haut läßt sich leichter entfernen (dänischer Brauch).

Getränk

Zur gedünsteten Forelle trinkt man einen spritzigen Weißwein, einen trockenen Riesling oder einen herben Rosé. In Frankreich wird zur gebratenen Forelle ein Silvaner oder Weißburgunder, sogar ein junger, frischer, gekühlter Beaujolais bevorzugt.

Klassiker

unter den Forellengerichten sind die „Forelle blau" und gebraten „à la meunière" (nach Müllerinart).

Lagern

Frische Forellen immer kühl lagern und bis zum Zubereiten mit Klarsichtfolie abdecken.

Mandelforellen

können auch auf dem Blech im Backofen gegart werden.

Marinade

Forellen schmecken sehr gut, wenn sie einige Zeit in eine Marinade mit Kräutern, Öl und Weißwein gelegt und dann gegrillt werden.

Nährwert

100 g ungegartes Forellenfleisch entspricht 469 kJ = 112 kcal und enthält Eiweiß 19,5 g, Fett 2 g, Vitamin A 0,045 mg, Vitamin B_1 0,084 mg, Vitamin B_2 0,076 mg, wertvolle Mineralstoffe und Aminosäuren.

Vorspeisen

Dazu kann man auch die Salate verwenden.

Zerlassene Butter

sollte, damit sie schön warm bleibt, auf ein kleines, feuerfestes Rechaud (Kerzen-Rechaud) gestellt werden.

Zubereitungsarten

Kochen, Dünsten, Braten, Gratinieren, Grillen, Backen und Marinieren.

Register

Die Eierküche

Was wäre die Küche ohne das Ei?
Wenigstens um 82 Rezepte ärmer!
Diese 82 Rezepte wurden hier vereinigt,
und in jedes Gericht gehört ein Ei:
Ei gekocht,verrührt, verquirlt, gehackt, gebraten.

184 Seiten, 82 Farbabbildungen

Es lebe die Wurst

Ursula Grüninger hat Ihnen die Wurst mal vom Brot
genommen, um zu zeigen, daß Wurst in vielen kalten
und warmen Gerichten die entscheidende Zutat ist.
In Suppen, Eintöpfen, Aufläufen, Salaten,
gekocht, gebacken und gebraten
wird's mit Wurst so richtig lecker.

136 Seiten, 80 Rezepte, 27 Farbabbildungen